L'AVIS

DE

M. PRUDHOMME

SUR LA

GUERRE DE 1870

ET SUR

LE MAINTIEN NÉCESSAIRE DE LA RÉPUBLIQUE

PARIS

E. LACHAUD, ÉDITEUR

4, PLACE DU THÉATRE FRANÇAIS

1871

Tous droits réservés.

L'AVIS

DE

MONSIEUR PRUDHOMME

SUR LA

GUERRE DE 1870

ET SUR

LE MAINTIEN NÉCESSAIRE DE LA RÉPUBLIQUE

L'AVIS

DE

M. PRUDHOMME

SUR LA

GUERRE DE 1870

ET SUR

LE MAINTIEN NÉCESSAIRE DE LA RÉPUBLIQUE

PARIS

E. LACHAUD, ÉDITEUR

4, PLACE DU THÉATRE FRANÇAIS

1871

Tous droits réservés.

Clichy, imprimerie de Paul Dupont.

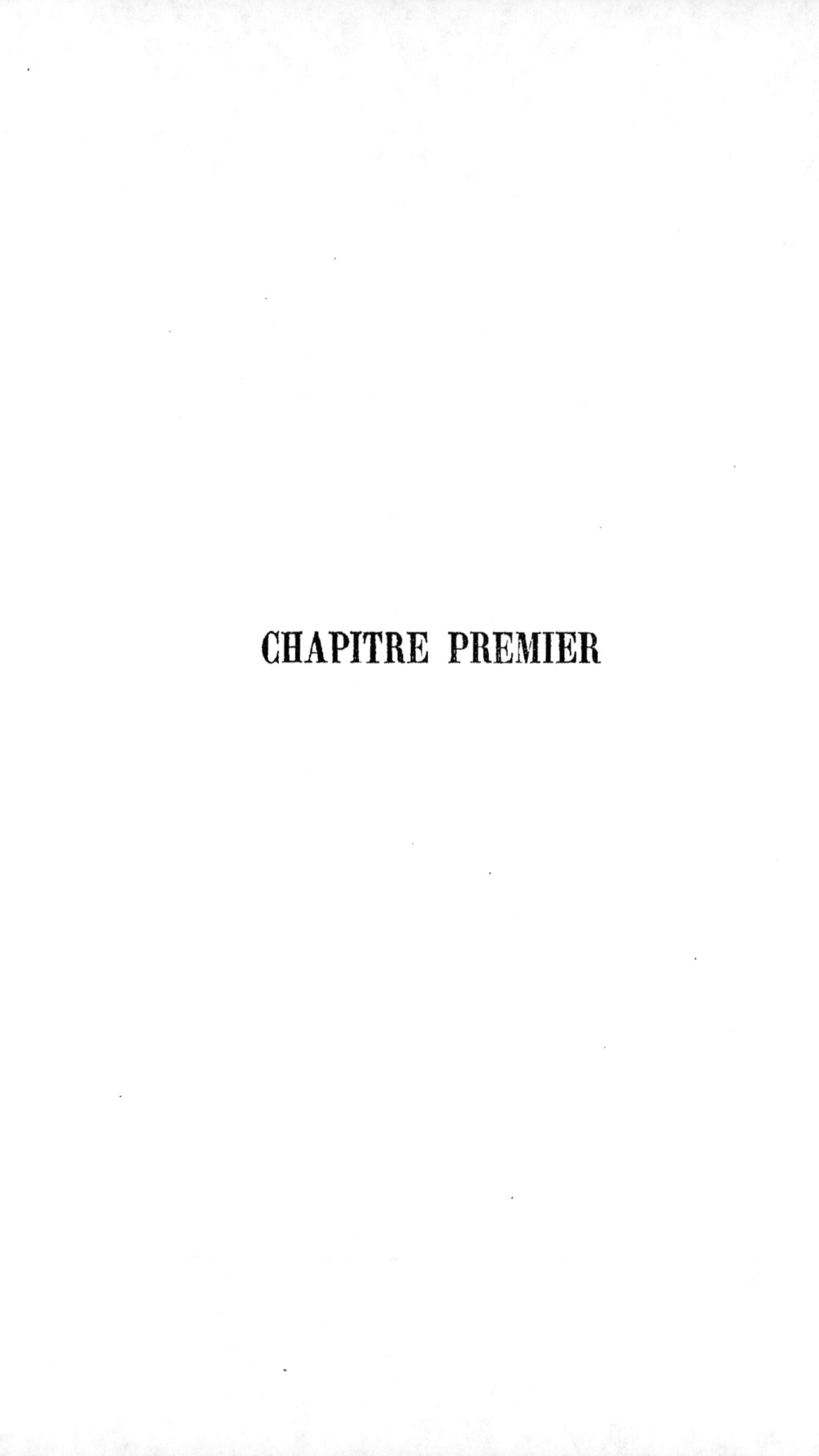

CHAPITRE PREMIER

CHAPITRE PREMIER

Je n'ai jamais pu lire sans une profonde émotion et sans un véritable sentiment de gratitude envers l'écrivain, les nombreux volumes et les mille brochures qui sont venus successivement relater les funestes circonstances de la guerre exécrable qui a si douloureusement torturé notre beau pays de France.

Parmi ces ouvrages, il en est qui brillent par de grandes hauteurs de vue, d'autres par une remarquable puissance de pénétration, et tous en général se distinguent par une vive émanation de patriotisme, de ce noble patriotisme dont bien des âmes ulcérées n'espéraient plus le retour.

J'admire ces hommes de cœur et d'intelligence qui ont su mettre à la fois leur bras et leur plume au service de la patrie ; ceux qui, bravant la fatigue des plus rudes campagnes, notaient à la hâte les événements souvent formidables dont ils venaient d'être les témoins ; ceux enfin qui, dans l'intérêt de l'avenir, ont scrupuleusement étudié et supérieurement mis en lumière les fautes, les inepties et les défaillances qui nous ont valu tant de désastres et d'amertumes.

Tout cela est habituellement dit avec une grande simplicité de style, avec une clarté d'exposition non moins grande, et surtout avec un sentiment de philosophie qui relève tous les courages.

Ces fautes, ces inepties, ces défaillances, qui ne les avait devinées, qui ne les a maudites ?

Qui pourrait les oublier ?

Qui voudrait les pardonner ?

Et pourtant s'il était resté quelque doute, comme ces volumes, comme ces brochures sauraient en faire justice !

On a osé tout récemment crier à la calomnie ?

Allons donc !

On n'a dit que la vérité, et la vérité, l'exacte vérité, c'est que rien n'avait été prévu, c'est que rien n'avait été organisé pour affronter la terrible lutte d'où nous sortons sanglants et abominablement meurtris.

La vérité, c'est que nous avons été indignement sacrifiés par le fol entraînement d'un groupe d'insensés qui ne connaissaient rien des ressources actuelles de la France et se payaient des plus coupables illusions ; la vérité, c'est que nous avons été les victimes d'un flot de rivalités entre courtisans, de mensonges produits à la face du monde entier et d'un système de corruption, inouï jusqu'à ce jour !

L'œil de M. de Bismark ne s'y était pas trompé ; M. Thiers avait été tout aussi clairvoyant.

Ces deux personnages ont, chacun à leur point de vue, tiré parti de ce qu'ils savaient, — M. de Bismark pour précipiter les événements ; M. Thiers pour essayer de les conjurer.

Et de quelles odieuses clameurs n'a-t-on pas couvert la voix de M. Thiers quand il a voulu obtenir des fanfarons de l'Empire un répit de vingt-quatre heures, qui lui permît de démontrer que les hommes du 2 Décembre ne savaient pas un mot des moyens de défense dont nous pouvions disposer ?

La police même n'a-t-elle pas aussitôt mis sur le pied sa hideuse légion de blouses blanches pour faire le soir même les plus abjectes manifestations sous les fenêtres du vaillant homme d'État ?

Déjà quelques années auparavant, dans une séance restée célèbre, M. Pouyer-Quertier avait maîtrement dit, à propos de matières différentes, mais qui présentaient aussi un grand caractère de gravité :

« Voilà, messieurs, comme on trompe l'empereur! »

Et M. Pouyer-Quertier fut exclu de la législature suivante par les soins du gouvernement ; cette fois c'est le gouvernement qui s'est effondré ; il était temps !

Quoi qu'il en soit, je suis désormais sans inquiétude sur la manière dont l'histoire envisagera les coups sous lesquels nous devions infailliblement succomber.

L'histoire dira que la France a été surprise, par suite de l'incurie de ceux qui la gouvernaient ; que ses frontières étaient ouvertes à l'ennemi ; que le

courage de ses enfants ne pouvait rien contre l'incapacité, la faiblesse ou la trahison de ses généraux,
rien contre le manque absolu de tous moyens de
défense, rien contre la supériorité matérielle des
armées allemandes, et qu'après tout ce n'est pas
son honneur qui peut être mis en jeu.

Ce que dira l'histoire, le plus simple bon sens
suffit pour nous le suggérer.

Est-ce qu'à compter du 4 septembre, après la
chute de l'Empire, la France ne s'est pas immé-
diatement révélée ?

Est-ce qu'elle n'a pas frémi de honte et d'indi-
gnation ?

Est-ce qu'elle ne s'est pas armée?

Est-ce qu'elle n'a pas fait des prodiges de courage et d'audace devant ces masses victorieuses qui
ne cessaient de l'envahir et de l'accabler de ses
coups, quand elle était déjà veuve de l'élite de ses
troupes ?

Et cette résistance improvisée, qu'aurait-il fallu
en attendre si elle avait pu se concentrer, et surtout se régulariser ?

M. de Bismark, qui n'accordait évidemment aucune estime au gouvernement déchu, ne se mépre-

naît pas sur la valeur réelle de la France ; il savait que ce noble pays, une fois dégagé des félons qui le perdaient, retrouverait bientôt sa fortune et son prestige.

Aussi M. de Bismark refusa-t-il net, et dès le principe, d'accorder aucun armistice pour préparer même la convocation d'une assemblée nationale, soulevant tout un monde de difficultés chaque fois que cette question d'armistice s'est renouvelée. Et combien la chose eût été plus facile à obtenir si M. de Bismark avait continué de voir à la tête de la France cette horde de gens qui, du premier jour jusqu'au dernier, avaient, sinon conjuré, du moins précipité sa perte !

C'est que le ressort s'était visiblement détendu ; c'est que le souvenir de 92 électrisait toutes les mémoires ; c'est qu'enfin la Prusse allait avoir affaire à un grand peuple redevenu libre !

Profiter de la plus lugubre de toutes les surprises ; abattre à coups de canon les vains oripeaux et les assises vermoulues d'un gouvernement de carton ; prendre d'un coup de filet, sauf à le répéter une fois encore, toutes les lâchetés et les trahisons ; s'emparer en même temps de nos armées réduites à l'impuissance ; infliger la douleur de l'exil à ceux de nos soldats que la mort avait épargnés…, c'était jeu de prince, mais accorder le moindre sursis à une nation telle que la France, à la France délivrée de ses entraves, rendue à son génie, au sentiment de sa grandeur et de sa conservation, c'était chose plus sérieuse, et il ne fallait pas s'y hasarder.

Or, M. de Bismark n'était pas homme à cela !

Mais qui n'aurait pu attendre mieux de M. de Bismark et du roi Guillaume ?

Aussitôt après Sedan, l'univers entier pouvait assister à un spectacle plein de magnificence.

De quel éclat le roi de Prusse n'aurait-il pas entouré son triomphe s'il se fût inspiré de la grandeur de la situation que les événements lui avaient faite, et si, déposant le glaive, il eût tracé quelque manifeste de ce genre :

« Français,

« J'ai dit, en ouvrant la campagne, que je venais
« simplement relever le défi de votre empereur au-
« jourd'hui déchu.

« J'ai hautement déclaré que je n'entendais m'en
« prendre qu'à lui.

« Le monde est témoin de la valeur de mes ar-
« mes ; rien ne saurait en augmenter le prestige.

« Fidèle à ma parole, je déclare que mon but est
« atteint ; je vous invite à vous réunir dans vos
« comices pour constituer le gouvernement que
« vous chargerez d'arrêter avec moi les conditions
« de la paix que je vous propose et qui viendra
« mettre un terme à des déchirements que je n'ai
« pas provoqués et que je déplore. »

Celui qui aurait tenu un tel langage aurait mérité
l'admiration de l'humanité.

La France aurait été la première à en exprimer
sa reconnaissance, et l'alliance qui s'en serait suivie aurait été à jamais durable, parce que le principe qui lui aurait servi de base est de ceux qui ne
périssent pas.

J'ai bien lu quelque part que M. de Bismark n'a-
vait à cette époque aucune confiance dans les sen-
timents du peuple français, — de ce peuple « qui
n'a su, depuis quatre-vingts ans, que renverser
toutes les formes de gouvernement sous lesquelles

il a été appelé à vivre », de ce « peuple irritable, envieux, jaloux et orgueilleux jusqu'à l'excès », — de ce peuple enfin dont il était nécessaire de vaincre à jamais l'esprit de résistance, le tout en faveur « d'une nation honnête et paisible que ne travaille jamais le désir des conquêtes, et qui ne demande qu'à vivre en paix », et, vous vous en doutez bien, ce modèle des nations, c'est... la Prusse !

Foi de Prudhomme ! je suis d'un avis tout différent.

Le peuple français est singulièrement au-dessus de l'opinion que semble vouloir s'en former le chancelier de l'empire d'Allemagne.

Deux fois favorisé par la politique prussienne, en ce sens qu'après avoir été débarrassé d'un gouvernement aussi criminel que stupide, il aurait été, du même coup, préservé des suites d'une guerre lamentable, le peuple français aurait été plein d'enthousiasme pour de si grands bienfaits, et soyez sûr qu'il n'en aurait pas aisément perdu la mémoire.

Pousser le scepticisme au point de défigurer ainsi le caractère français, c'était, de la part de

M. de Bismark, aller à plaisir jusqu'au dénigrement et ne parler que pour les besoins de sa cause.

Pourquoi faut-il que ces tristes erreurs aient prévalu dans les conseils du roi Guillaume et que ce monarque ne se soit pas obstinément renfermé dans les termes de sa proclamation?

Tout l'y conviait et les honnêtes gens y comptaient!

On avait vu dans le roi Guillaume la personnification du culte réformé ; on s'attendait à assister à une grande leçon de moralité, et l'on se réjouissait de penser que l'un des grands de la terre mettrait enfin le respect de sa parole au-dessus de la plus triste des vanités.

Hélas! quand la lutte devait cesser, elle ne fit que se développer avec plus d'acharnement ; le vent des batailles ne souffla qu'avec plus de fureur ; tout continua d'être mis à feu et à sang ; les vieillards, les femmes, les enfants furent impitoyablement massacrés ; les hôpitaux, les asiles, les ambulances bombardés sans miséricorde ; les propriétés saccagées ; les récoltes brûlées, et l'univers, consterné, fut témoin de la rage désormais sans bornes d'un conquérant qui ne connaissait plus d'autre règle que le pillage et la dévastation !

Pour comble d'horreur, ce conquérant se drapait dans les faux plis d'une volonté soi-disant supérieure, qu'il appelait la Providence et qu'il ne se lassait pas d'invoquer, à la manière de Louis XI, au château de Plessis-lès-Tours.

Combien mieux j'aurais aimé, si je m'étais senti de tels instincts, me montrer dans toute ma laideur et crier de toute la force de mes poumons le fameux *væ victis* qui a percé la nuit des temps !

Combien j'aurais préféré me camper ouvertement devant la France sanglante et trahie, et lui jeter insolemment, au galop de mon cheval, toutes mes bravades et mes provocations !

Il le fallait d'autant plus que la proclamation du roi Guillaume n'offrait rien de sincère ; c'est aussi contre la France que le roi Guillaume avait résolu de marcher.

Les feuilles allemandes nous en avaient prévenus bien longtemps à l'avance.

Dès le *5 août 1866*, on lisait dans l'*Époque* cet extrait d'une correspondance reproduite de la

Gazette d'Elbersfeld, à propos de l'ancienne question du Luxembourg :

» Il faut espérer que le gouvernement prussien, « aussi bien que le Reichstag, qui doit bientôt se « réunir, saura infliger une rude leçon à l'outrecui- « dance française et faire comprendre au gouverne- « ment impérial que notre patience est à bout, que « tous les avantages de la guerre seraient de notre « côté, que nous voulons la paix sérieusement (?), « mais non au prix de notre honneur national ; « qu'enfin si la France osait nous provoquer, nous « serions contraints d'assurer le maintien de la « paix, en lui enlevant les anciennes provinces « allemandes et en la réduisant à l'état d'une puis- « sance de deuxième ou de troisième ordre.

« Si l'on nous force à la guerre, inscrivons sur « toutes nos bannières ce mot d'ordre : *Alsace et* « *Lorraine*. »

Voilà qui était carré, précis et significatif !

La guerre qui pouvait survenir, la guerre que l'on souhaitait, tout en feignant de désirer la paix, cette guerre serait une guerre de race, une guerre à ou- trance ; l'Allemagne espérait y montrer sa supério- rité ; elle était déjà prête à essayer ses forces, et la lutte devait réduire la France à l'état de puissance de deuxième ou troisième ordre, après l'avoir privée de deux de ses plus belles provinces.

Le programme, heureusement, n'a pas été totalement rempli, mais là n'est pas la question.

Ce qui m'intéresse, c'est de voir que l'idée de morceler et d'abaisser la France était une idée de longtemps préconçue et dont la poursuite n'admettrait ni tempérament ni pitié.

Mais alors pourquoi le roi Guillaume s'est-il joué du peuple français?

M. de Bismark, lui, n'a pas fait de poésie; il a été inflexible, mais il n'a, que je sache, jamais dissimulé ses intentions, et c'est bien quelque chose.

Chaque fois qu'il en a trouvé l'occasion, M. de Bismark nous a prodigué ses sarcasmes et son ironie; il ne nous a jamais caché sa méfiance et sa haine; il a été invariablement dur et inexorable; il nous a constamment montré son fiel et sa colère; il a fermé les yeux quand il ne voulait pas voir, les oreilles quand il ne voulait pas entendre, mais il n'a caché ni sa pensée ni son visage, et, se tenant parfaitement insensible devant les plus atroces calamités, il n'a eu de commisération ni pour l'âge, ni pour le sexe, ni pour ceux qui suppliaient, ni pour ceux qui combattaient avec les restes de l'imbécile épée de Sedan !

Que la conscience de M. de Bismark ne lui reproche rien, c'est son affaire, et je n'y veux pas mettre le doigt.

Mais l'appréciation morale de la conduite du roi Guillaume appartient à tous ceux qui ont eu la candeur de se fier à sa proclamation, *et je suis de ceux-là*.

Bien des protestations ont devancé la mienne, et, parmi les plus éloquentes, il en est une qui m'a laissé des souvenirs impérissables, tant elle répond à mon propre sentiment.

Son auteur, un ministre protestant, s'est écrié au plus fort de la guerre :

« Sire,

« Depuis qu'enivré par la victoire vous avez
« failli à votre parole royale que vous faisiez la
« guerre non à la France mais à l'Empire, n'y a-
« t-il eu auprès de vous aucun pasteur fidèle qui

« vous ait rappelé la maxime du sage : « Celui qui
« est maître de son cœur est plus fort que celui qui
« prend des villes ?

. . . .

« Ah ! si après le désastre de Sedan, nous eus-
« sions été heureux de voir un prince qui professe
« le christianisme accepter la paix qui lui était de-
« mandée et arrêter une lutte fratricide, — quelle
« n'a pas été notre confusion et notre douleur en
« voyant Votre Majesté poursuivre une guerre d'ex-
« termination et rendre la haine inextinguible entre
« combattants !

. . . .

« Vieillard, près de paraître devant Dieu, à quoi
« peut vous servir un agrandissement de terri-
« toire couvert de sang, de cadavres et de ruines,
« lorsque bientôt quelques pieds de terre vous suf-
« firont pour dormir dans votre sépulcre ?

. . . .

« Je dois au Dieu que je sers de répudier toute
« solidarité avec vos sinistres projets, et de protes-
« ter contre les maux que, depuis la chute de l'em-

« pire, vous faites peser injustement sur ma pa-
« trie ! »

Touchant le côté politique, le digne pasteur ajoutait :

« Les provinces que vous revendiquez sont fran-
« çaises par le cœur ; elles veulent rester françai-
« ses. Or, les peuples ne sont pas un vil bétail dont
« les despotes puissent disposer, sans tenir compte
» de leurs aspirations et de leurs sympathies. »

Et pour le côté mystique, auquel le roi Guillaume
affectait de sacrifier, le pasteur ajoutait :

« L'Éternel n'est pas le Dieu des armées, dans
« le sens que le vulgaire attache à cette expression.
« Il ne vous a pas investi de ses pouvoirs, il ne
« vous a pas chargé d'être cruel envers la France,
« de brûler ses villes, de ravager ses campagnes,
« ni d'exterminer ses habitants.

« N'avez-vous pas craint d'offenser le Père des
« miséricordes et *d'inspirer du dégoût* pour vo-
« tre religion, en mêlant son nom à des actes de
« férocité qui révoltent la conscience publique ? »

Bien antérieurement, Béranger, le bon, l'aimable
Béranger, avait mis la strophe suivante dans la
bouche du « Père des miséricordes » :

A ma barbe, quoi! des pygmées
M'appelant le Dieu des armées,
Osent, en invoquant mon nom
Vous tirer des coups de canon!
Si j'ai jamais conduit une cohorte, etc., etc.

Voilà pour l'un des deux empereurs en cause. Passons maintenant à l'autre, — à celui que l'on a appelé l'*Homme de Sedan*.

Ce n'est pas sans répugnance, et tout cœur honnête le comprendra, que je me mets en devoir d'envisager un moment cette sinistre figure et de prendre corps à corps le génie malfaisant qui a régné plus de vingt ans sur la France, pour l'exploiter, la corrompre et la jeter dans le gouffre.

La grande phrase qui a suivi le coup d'État et qui attribuait à son funeste auteur le mérite d'avoir sauvé la société, ne m'a jamais converti; j'ai toujours gardé la pensée que Napoléon III avait sauvé la société comme Bilboquet un jour a sauvé la caisse, et j'ai imperturbablement conservé pour lui le plein des ressentiments qu'il m'avait inspirés la première heure.

Assez d'autres ont dit et diront encore les circonstances et les suites de ce règne déplorable ; je veux, quant à moi, prendre l'empereur au début de la campagne qu'il avait ouverte contre la Prusse, trop heureux vraiment de pouvoir me renfermer dans les dernières semaines de son existence politique.

Mieux même, je ne veux le prendre qu'au moment fatal où il a conçu l'idée de rendre la place de Sedan et de se jeter dans les bras de l'ennemi.

C'est là que je vais essayer de sonder cette âme qui fuit la pression comme les nocturnes fuient la lumière, et engager avec le lecteur une étude psychologique qui pourra ne pas manquer d'intérêt.

Remontons, s'il vous plaît, au lendemain de la bataille de Solférino, au 12 juillet 1859.

Napoléon III, qui ne devait se retirer devant l'Autriche qu'après avoir affranchi l'Italie *des Alpes à l'Adriatique*, cesse tout d'un coup la guerre ; il ouvre des pourparlers avec François-Joseph et signe les préliminaires de la paix de

Villafranca quand on s'attendait à le voir suivre, à l'instar de son oncle, le cours de ses conquêtes.

Je me souviens que tout le monde en demeura stupéfait.

Les naïfs attribuaient généralement cette résolution à la magnanimité, mais on reconnut bientôt que la magnanimité n'avait été pour rien dans cette affaire.

Napoléon III s'était tout simplement pris de peur !

Il avait craint la Prusse qu'il entrevoyait derrière le rideau, — qui commençait à gronder, — et qu'il redoutait d'affronter, soit qu'il se défiât de ses capacités militaires, hypothèse qui dénoterait bien quelque bon sens, soit qu'il craignît d'être déposé pendant son absence, ce qui me semble infiniment plus vraisemblable.

Quoi qu'il en soit, je m'empare de ce coup de théâtre, et, le rapprochant de la catastrophe de Sedan, je trouve qu'il y a analogie entre les deux événements, mais, il faut le dire, dans un sens entièrement contraire.

A Villafranca, Louis Bonaparte était vainqueur : à Sedan, Louis Bonaparte était déjà vaincu.

Edifié mieux que personne sur la valeur de l'échauffourée de Sarrebruck, battu d'étape en étape (Dieu sait dans quelles circonstances !) il se trouvait acculé vers Paris, où il n'osait rentrer ; d'autre part, il redoutait de tenir tête à l'armée d'invasion, fût-ce dans les plaines de Châlons, où il avait pourtant cavalcadé tant de fois les années précédentes.

Dans ces conjonctures, il tendait toujours à se rapprocher de la frontière belge, afin, au besoin, de se ménager un refuge, et, pour mieux assurer sa marche, ou plutôt sa fuite, — pour que la majesté de sa retraite fût mieux préservée, — il ne craignit pas, « cédant à des considérations politiques » d'entraîner derrière lui toute l'armée de Mac-Mahon, sauf à l'enserrer dans un cul-de-sac d'où elle ne pouvait sortir que détruite ou captive, en conséquence de la détermination « *la plus imprudente et la moins stratégique,* » selon qu'il a eu le cynisme d'en écrire à sir John Burgoyne, le 29 octobre 1870.

Mais la fuite hors du territoire n'était qu'une éventualité.

Avant de quitter la Champagne, Napoléon III avait mandé auprès de lui plusieurs personnages avec lesquels il ne tarda pas à s'entendre, et tout m'indique qu'il a lestement troussé un de ces plans qui rentrent dans ses moyens, et que ses précédents, en tout cas, permettent couramment de lui attribuer.

Ce plan n'était rien moins qu'un nouveau coup d'État !

Les journaux et les indiscrétions de l'époque en font foi, les papiers trouvés aux Tuileries et ailleurs en ont fourni la trace ; on aurait même surpris une liste toute fraîche de noms voués à l'exil, au bannissement et autres gracieusetés à l'usage de l'Empire... le tout en prévision d'une comédie restée sans succès, et qui a tourné au drame le plus lugubre que l'histoire ait jamais enregistré.

Mais l'échec en est moins dû, peut-être, au jeu désespéré de l'acteur principal, qu'à la rigidité de celui qui allait fournir la réplique... la rigidité du roi Guillaume !

La seule intuition me donne la certitude qu'après avoir lancé son « N'ayant pu trouver la mort à la tête de mon armée ; « Louis Bonaparte s'est occupé d'obtenir de Guillaume l'audience nécessaire pour essayer la mise en œuvre d'un projet élaboré à l'avance, et que là, comme à Villafranca, il a sollicité la paix, offrant l'Alsace, la Lorraine, avec tous les milliards de circonstance, sous la condition de garder sa couronne, et de conserver une armée qu'il lui fallait pour rentrer à Paris, l'oreille basse sans doute, mais le regard aussi assuré que jamais.

Le coup d'État aurait alors éclaté, le mystère aurait été dévoilé, et toutes les aspirations libérales anéanties sous le tranchant d'un sabre souillé de sang et de boue...

Voilà ma conviction, et je l'exprime en toute sincérité, sans colère, sans parti pris, et Dieu m'en est témoin, sans forfaire à ma conscience.

L'homme étant donné, je laisse au lecteur le soin de décider si ma conclusion manque de vraisemblance, ou si au contraire elle ne se trouve pas en rapport exacte avec tout ce que nous avons vu, avec tout ce nous avons su et tout ce que nous savons.

Pendant que les confidents, j'allais dire les complices du futur coup d'État, attendaient au loin le retour et les ordres de leur maître, celui-ci restait sérieusement désarmé, les troupes devenaient prisonnières, et lui-même, au lieu de pouvoir fuir en Belgique, comme il l'avait certainement espéré, était bien et dûment conduit sous escorte, à l'aimable résidence de Wilhelmshœœ, pour y reprendre le cours des Idées napoléoniennes.

Mais si Bonaparte a tout offert, Alsace, Lorraine, et milliards à satiété, comment le roi Guillaume, à bout de satisfaction, aurait-il tout refusé et préféré la continuation d'une guerre désormais sans cause?

Il me semble assez facile de répondre à cette question.

Quel intérêt pouvait avoir le roi Guillaume à se jeter dans des combinaisons ténébreuses, quand il avait tout en mains ?

A quoi bon, quand il avait à discrétion la place de Sedan et sa garnison ?

A quoi bon, quand il sentait que Metz et l'armée de · Bazaine subiraient infailliblement le même sort ?

A quoi bon ce rapprochement, ou plutôt cette fusion, avec un despote odieux à la nation qu'il a perdue, et de longtemps à charge à tous les souverains de l'Europe ?

A quoi bon, quand Guillaume était assuré d'en

venir seul à ses fins, et résolu de passer outre aux affirmations de son manifeste ?

A quoi bon ?

Les choses ainsi entendues, l'intérêt du roi Guillaume était de marcher de l'avant, toujours de l'avant, et de supprimer un passé qu'il n'eût probablement pas été capable de soutenir contre la colère d'un peuple exaspéré, sans s'exposer à des complications inquiétantes.

Et Guillaume a marché de l'avant, après avoir écarté du coude l'homme de Sedan et ses propositions.

Si Napoléon III n'essayait pas de se relever de son anéantissement, si ses partisans ne cherchaient pas à faire revivre son nom et son règne impossible, je m'abstiendrais de m'arrêter davantage à sa personne, mais les journaux qu'il crée, les agents qu'il répand en tous lieux, les efforts souterrains qu'il est en voie de tenter, ne permettent pas que l'on détourne la tête sans lui avoir adressé un dernier mot.

Aussi bien n'est-ce pas une mince satisfaction

pour le plus humble des mortels que de considérer la poussière d'une puissance défunte, mise à nu, de par la justice populaire.

Qui donc peut désirer le rétablissement de l'Empire ?

Sont-ce les veuves et les orphelins de tant de braves gens qui ont inutilement succombé, en prodiguant les preuves mille fois répétées de leur intrépidité ?

Sont-ce les officiers, sont-ce les soldats qui ont été livrés en pâture au bon plaisir de la Prusse, après avoir subi toutes les hontes et toutes les humiliations ?

Sont-ce les patriotes qui ont dû quitter leurs foyers et leurs familles pour se porter presque sans armes au devant d'un ennemi que rien ne pouvait plus contenir ?

Sont-ce les habitants de nos campagnes, dont les récoltes et les biens ont été pillés, saccagés ou passés par le feu ?

Si ce n'est aucun de ceux-là, qui sera-ce donc, à la condition de déduire ce que l'on appelait (gros comme le bras), «les hauts fonctionnaires de l'Empire, » fonctionnaires aujourd'hui privés de leurs places, — les anciens courtisans, étonnés de n'avoir plus à flatter personne, — et quelques dames restées en quête de leurs plaisirs et de leurs folles équipées?

Mais est-ce avec ce piètre contingent de fonctionnaires dépossédés, de courtisans en chômage et de femmes dépitées, que vous auriez l'intention de hasarder la restauration de l'Empire?

Oh! que nenni!

Vous comptez, je le sais bien, sur de nouvelles erreurs populaires, et ces erreurs, ces immenses, ces fatales erreurs dont vous avez audacieusement profité déjà, vous voulez les provoquer une fois encore..... Et, pour hâter le dénoûment, vous ne dédaigneriez pas, dit-on, le concours plus ou moins prolongé de l'Internationale, de cette collection d'illuminés, connus déjà sous le nom de badinguistes, et qui sont en adoration perpétuelle devant les ineffables vertus du pétrole.

Tenez, Sire, le zèle que vous professez pour la conservation de votre dynastie pourrait seul être invoqué devant les juges républicains chargés de châtier votre personne et vos attentats, et, père de famille aussi bien que vous, je serais là pour vous répéter ce que je vous dis aujourd'hui :

« Périsse l'homme qui s'est efforcé d'asseoir son enfant sur une accumulation de crimes et de perfidies ! »

Acceptez, il en est temps, le sort que vous a fait votre aveuglement ; faites acte d'humilité, soyez silencieux pour que l'on vous oublie, et tâchez de conjurer les foudres de l'histoire par la retraite et le repentir !

Tel est, Sire, le conseil que je vous dois ; ne l'attendez d'aucun de vos adulateurs et méditez sans cesse cette apostrophe, que vous adressait hier une plume convaincue :

« Vous n'avez aucune promesse à faire, aucune promesse à tenir !

« Ni prestige, ni infaillibilité, ni moralité ; vous ne pouvez rien invoquer ; il vous faudrait tout prendre sans droit, tout garder par force.

« Vous pouvez intriguer, conspirer, calomnier, mais le reste vous échappe ; la France en a appelé aux honnêtes gens pour être préservée des coquins ! »

Arrivé à ce point de mon écrit, je me recueille et

me demande s'il est possible que l'on y découvre la couleur d'un pamphlet ?

En vérité, je ne le pense pas.

Tout ce qui précède résulte ou de pièces ou de considérations tombées dans le domaine public, et déduire, ce n'est pas calomnier.

Ce n'est pas insulter non plus que de parler en s'inspirant d'un patriotisme qui puise sa force dans le seul amour du pays, et la tranquillité de ma conscience m'est un gage que personne ne doutera de la loyauté de cette publication.

Pour faire acte de bonne volonté, je reproduirai maintenant la proposition suivante, que j'ai relevée dans les colonnes d'un organe bonapartiste, et qu'il me paraît opportun de discuter brièvement.

« On a accusé l'empereur d'avoir lâchement livré
« son armée, quand il est établi par les faits qu'il
« s'est livré lui-même pour éviter un carnage inutile.
« On l'a montré sur une gravure diffamatoire, par-
« courant en voiture un sol jonché de morts et de
« mourants, quand il est officiellement établi qu'il
« a chargé lui-même des pièces de canon et qu'il a
« eu plusieurs officiers tués à ses côtés. On a ac-
« cusé l'empereur d'avoir ruiné la France par des

« folies criminelles et d'avoir livré au pillage le
« trésor public. On l'accuse chaque jour de conspi-
« rer, quand il est établi qu'il n'a tenu qu'à lui de
« rentrer en France, en concluant la paix, soit au
« mois de septembre, soit au mois d'octobre. »

Examinons la valeur de cette apologie !

Si l'ex-empereur a daigné se livrer lui-même, ce
que personne ne conteste, il a malheureusement
aussi livré l'armée dont il disposait...

C'était, assure-t-on, pour éviter un carnage inutile !

Soit ! Mais qui donc oserait affirmer que ce carnage, devenu si fatalement indispensable au cas de
résistance, aurait été purement inutile ?

Qui peut avoir l'orgueil de prévoir ainsi les résul-
tats d'une action désespérée, si ce n'est un général
couronné, résolu (à la Cambronne) devant les dangers et les considérations politico-dynastiques, et
réunissant au plus haut degré les qualités suprêmes
qui faisaient si absolument défaut à Louis Bonaparte ?

Il est officiellement établi que l'empereur a chargé lui-même des pièces de canon et qu'il a eu plusieurs officiers tués à ses côtés...

Quel miracle apercevez-vous dans ce fait, digne tout au plus du plus vulgaire des soldats ?

Comment ! de ce qu'il aura *lui-même* chargé des canons et *vu* tomber plusieurs officiers autour de sa personne, on tirera la conséquence que l'ex-empereur est un héros, au-dessus d'allégories offensantes ?

Si j'avais eu mission de traiter l'incident, je me serais abstenu de mêler la plaisanterie à des choses de pareille importance.

On a accusé l'empereur d'avoir ruiné la France par des folies criminelles et d'avoir livré au pillage le trésor public...

Ici l'accusateur, c'est la nation entière, et c'est précisément à cette écrasante accusation que l'on ne répond pas.

Pourquoi ?

Faute de le pouvoir.

Enfin on accuse chaque jour l'empereur de conspirer, *quand il est établi* qu'il n'a tenu qu'à lui de rentrer en France, en concluant la paix soit au mois de septembre, soit au mois d'octobre...

Oui, ou l'on s'accorde à penser que l'ex-empereur conspire, et l'argument tiré de ce qu'il *aurait été* libre de rentrer en septembre ou octobre 1870, ne serait nullement exclusif des aspirations qu'on lui attribue.

En octobre 1870, effectivement, Louis Bonaparte n'avait encore secoué ni le poids de ses hontes ni le grave souci de sa conservation personnelle ; Wilhelmshohœ lui suffisait. Mais aujourd'hui que la France se relève de ses ruines et que la République promet de se maintenir, on comprend de reste que Wilhelmshohœ, voire même Chiselhurst, ne suffise plus à cette auguste tête, et les plus naïfs se croient parfaitement autorisés à lui imputer des projets de conspiration.

Que l'on ne s'imagine pas, au surplus, que l'esprit public soit disposé à accueillir sans contrôle les allégations que l'on se plaît à lui prodiguer, en les qualifiant de faits *établis*.

Au lieu d'articles de journaux, il faudrait mettre sous nos yeux des pièces probantes, signées du roi Guillaume, de M. de Bismark, de M. de Moltke et autres personnages reconnus incapables de délivrer des certificats de complaisance, sous peine d'être renvoyés à la lecture rétrospective des feuilles officielles, *verbo* Guerre du Mexique, etc., etc., etc. !

Après avoir relaté les motifs de haine et mésestime que l'ex-empereur inspire à l'immense majorité des Français, l'écrivain termine par ce mot de la fin :

« Et pourtant, malgré toutes ces imputations, le « parti impérialiste est le seul parti monarchique « que redoutent les républicains.

« Pourquoi ?

« C'est que l'Empire est le seul gouvernement « possible, si la République ne l'est pas. »

Halte !

Le sentiment des Républicains est qu'il n'y a pas d'autre gouvernement possible désormais que celui de la République, et si les républicains craignent les tentatives des bonapartistes, c'est qu'ils sont payés pour savoir que ce parti est le seul qui puisse ne reculer devant aucun attentat, au risque de nous ramener les déchirements de la patrie.

Voilà pourquoi les républicains ne cessent d'observer les impérialistes sans leur accorder d'ailleurs aucune autre importance.

Que les Bonaparte en prennent leur parti, et qu'ils restent convaincus que si les républicains les redoutent, c'est tout simplement à cause de leur réputation !

Et d'ailleurs, quelle raison peut-il y avoir de modifier l'état actuel des choses ?

Les plus récentes informations annoncent d'une manière solennelle que « l'empereur Napoléon III « a fait lundi dernier sa première promenade à « cheval depuis un an ; que sur tout le parcours de sa « promenade, il a été salué par les *vivat* enthou- « siastes des Anglais, et qu'il est toujours le cava- « lier accompli que tout Paris connaît. »

Quoi de plus réussi?

Les Anglais applaudissent avec enthousiasme ; l'exercice entretient les talents du cavalier ; ces talents, tout Paris les connaît ; le reste de la France s'en rapporte... Il est donc inutile de venir nous les montrer de nouveau, d'où il résulte en vérité que tout est pour le mieux dans le meilleur des mondes possibles !

CHAPITRE DEUXIÈME

Dégageons-nous une bonne fois de la contemplation de ces couronnes, dont on a dit que la plus forte n'est que celle qui couvre la plus grosse tête, et, visant des horizons nouveaux, formons des vœux pour le maintien de la République ; souhaitons qu'elle vive à jamais parmi nous !

Si la République est « le gouvernement qui nous divise le moins », la République est aussi le régime qui se prête le mieux aux transformations considérables dont nous éprouvons un si pressant besoin ; elle seule peut soutenir le regard des souverains qui

nous observent, et, seule, elle nous procurera l'ordre par la liberté.

L'ordre par la liberté... c'est la devise que nous
devons unanimement inscrire sur notre drapeau :
c'est la devise qui nous régénérera ; c'est la devise
qui nous permettra de vaincre nos dissentiments à
l'intérieur, et, Dieu aidant, de nous montrer invin-
cibles au dehors.

Mais pour que la république verse, parmi nous,
les trésors qu'elle porte dans son sein, il faut qu'elle
soit largement comprise, qu'elle soit loyalement
soutenue, et que ceux, du moins, qui sont appelés
à la représenter, ne lui marchandent ni leur dévouement ni leur énergie.

Bien plus, il faut que tous ceux qui servent la
république deviennent, s'ils ne le sont déjà, de sin-
cères républicains.

Il faut que nos magistrats, que nos généraux,
que tous nos fonctionnaires se retirent ou se con-
sacrent pieusement à la consolidation de la république ; il faut que nos campagnes apprennent à
connaître les bienfaits de ce mode de gouvernement ; il faut que l'instruction se répande, que les

erreurs se dissipent, que l'électeur se fasse homme ; il faut enfin que la lumière vienne d'en haut et que l'on s'attache de toutes parts à populariser le grand principe de la liberté, de l'égalité et de la fraternité, divin principe que des esprits chagrins ou intéressés ont qualifié d'utopie, alors qu'il n'est rien moins que le pivot de notre avenir économique et social !

C'est aux hommes de la révolution de 1848 que revient l'honneur d'avoir fait inscrire au front de nos monuments cette superbe maxime, que Lamartine avait si magnifiquement commentée, et j'ai toujours gardé la pensée que, moins sa tache originelle, le règne de Louis Bonaparte eût été bien autrement moral, s'il s'en fût emparé.

Ce que Napoléon III n'a pas fait, nous saurons le faire, et, à ce prix, nous retrouverons bientôt notre ancienne force et notre ancienne splendeur.

Au surplus, il faut choisir.

Le temps n'est plus où la volonté d'un seul fonctionnait chez nous, au lieu et place de la volonté de tous.

Le temps du gouvernement personnel est passé

et le gouvernement du pays par le pays exige un programme aussi concis que sympathique au plus grand nombre.

Voyez Karl Marx : il lui suffit, pour enthousiasmer les adeptes de l'Internationale, de crier à la tyrannie du capital, à la sainteté de l'insurrection !

Voyez les communeux : il leur suffisait, pour empoisonner les cœurs, de vouer à la mort et à la destruction les ennemis du pétrole !

Tout cela est court, mais significatif, et Karl Marx ne craint pas d'annoncer que ses principes franchiront et passeront l'Océan, horrible prophétie qui commence à se réaliser, hélas ! et qui répand la terreur sur tous les points du globe.

Hâtons-nous d'opposer à ces conceptions infernales les aspirations réelles de notre époque ; montrons à ces démons que l'honnêteté n'est pas entièrement bannie de ce monde, et répondons à leurs sinistres clameurs par ces mots :

Liberté, Égalité, Fraternité !

Le bon sens des masses accueillera vos doctrines, si vous les émettez avec la dignité qui en forme le caractère ; mais si vous continuez d'en rire, si vous continuez de les discréditer par votre tenue, par vos actes et votre indifférence, vous serez débordés, et Karl Marx prendra sur vous un avantage que vous serez impuissants à lui disputer.

Quoi de plus encourageant que ce qui s'accomplit en ce moment même ?

Écoutez et jugez !

La république, après la signature de la paix, se trouve en présence des difficultés les plus considérables ; quarante de ses départements sont occupés par l'ennemi ; le gouvernement est presque aussitôt aux prises avec une insurrection formidable ; le maintien de l'ordre est partout menacé ; l'Allemagne nous observe et n'attend que la faveur du moindre incident pour faire contre nous un nouvel usage de ses armes ; pendant ce temps, nous sommes contraints de vider nos caisses et de faire face à des payements si monstrueux qu'ils en deviennent fantastiques ; les légitimistes, les orléanistes et les bonapartistes cherchent à se compter : et voilà qu'au bout de quelques mois, la guerre civile éteinte, il ne reste plus que six départements en proie à l'invasion ; les payements sont effectués à l'heure et à la minute, sinon devancés ; les partis se bornent à discuter par la voie des journaux, ou à se préparer platoniquement quelques suffrages; et l'Allemagne reprend une telle confiance « dans le développement pacifique de la situation intérieure de la France », qu'elle se contente, pour arrêter les conventions financières les plus graves, de la seule signature de M. Thiers !

Que peut-il y avoir de plus décisif?

Quel est le gouvernement monarchique qui aurait été de force à opérer de semblables merveilles, et quel autre essai voudrait-on faire de la République?

Si nous profitons à ce point des bienfaits de la République, acceptons-en franchement les charges, et ne manquons ni d'en propager ni d'en recommander les doctrines ; sachons ramener à nous les égarés ; sachons donner l'exemple des vertus que nous entendons exiger d'eux et montrons que nous sommes dignes de la nouvelle ère dans laquelle nous sommes si heureusement entrés !

A ce prix, ce qui reste des divisions intestines tombera faute d'aliment et, suivant l'expression de Victor Hugo, « les agitations populaires se régleront comme les passions bourgeoises se sont réglées, » — pacifiquement et humainement.

Si nous avons, comme citoyens, de tels devoirs à remplir, le gouvernement de la République ne doit pas non plus négliger la mission qui lui incombe.

Ce n'est pas assez pour lui d'avoir coupé court à la corruption ; il est urgent de réprimer toutes les défaillances qui se produiraient dans les régions dont il dispose.

Il doit exiger fermement des fonctionnaires, — nul n'étant tenu de le demeurer, — une abnégation absolue dans l'accomplissement des plus simples nécessités de leurs charges ; sans violenter les convictions, il doit veiller à ce que la République ne soit pas dénigrée par ceux dont elle rémunère bel et bien les services ; il doit enfin exiger pour chaque emploi des aptitudes solidement acquises et déterminées, fût-ce même parmi les ministres.

Quel immense avantage, en effet, que de s'adresser pour de telles situations à des hommes d'une compétence bien certaine !

Je n'en veux d'autre exemple que celui de M. Pouyer-Quertier.

Avec quelle supériorité de touche, avec quelle perspicacité, avec quelle finesse de vues, M. Pouyer-

Quertier n'administre-t-il pas nos finances ! avec quelle autorité ne développe-t-il pas les questions les plus ardues en matière de commerce et d'industrie !

Quel puissant concours un tel homme n'apporte-t-il pas au président de la République ?

C'est que M. Pouyer-Quertier possède merveilleusement tout ce dont il s'occupe, et que, loin de marcher à la remorque de ses chefs de bureaux, c'est lui qui les éclaire et les dirige.

Si, comme je l'espère, ce système de n'admettre aux fonctions que les hommes vraiment capables de les occuper, se généralise, les antichambres se videront devant une masse toujours croissante de candidats dont le principal mérite consiste à être les fils de leurs pères, et non pas de leurs œuvres, et nous serons préservés des scandales du favoritisme autant que de l'insuffisance des titulaires, double bienfait, aussi nouveau qu'inappréciable.

Sans m'arrêter autrement à la magistrature, dont le personnel dépasse si sensiblement en province les besoins des justiciables, et dont la réorganisation forme l'une des grandes nécessités de l'époque, je demande qu'il ne soit fait aucune concession sur le choix et les qualités des préfets.

C'est à l'aide des préfets que le gouvernement déchu avait démoralisé la France, et ce sont les préfets républicains qui, par leur dignité propre, par leur droiture et leur esprit d'indépendance, sont désignés pour prendre l'initiative de la régénération du pays.

Il fut un temps où la diplomatie formait un des appoints les plus essentiels de nos moyens de gouverner, et les calamités de 1870 nous ont fait voir combien cette science a été sacrifiée sous le règne de Louis-Bonaparte, tant il est vrai que partout où l'on porte ses regards, on sent le vide et le néant du régime déchu.

S'il faut admettre que la diplomatie ne soit, comme on l'a dit, que la police en grand costume, on se demande comment il peut se faire qu'une telle institution ait si gravement dégénéré sous un monarque dont les préférences étaient chaudement acquises à tout ce qu'il y a de tortueux, d'ambigu et de problématique.

Tandis qu'à l'intérieur même de la France, les citoyens ne pouvaient prononcer une parole sans qu'elle fût aussitôt rapportée et suivie de toutes les vexations imaginables, le langage des Cours n'arrivait aux Tuileries que sous une forme de fantaisie, joliment appropriée au goût du maître, et celui-ci, noyant sous sa paupière les perspectives erronées qu'on lui soumettait, ne cessait de combiner, du faite de sa grandeur, les charmants projets qui ont abouti à notre défaite, et tout naturellement aussi à sa propre déchéance.

Ombres de Richelieu, de Mazarin et de Talleyrand, que vous en semble-t-il et qu'a-t-on fait de votre talisman?

J'ai eu la pensée assez originale d'ouvrir un vocabulaire, au mot Diplomatie, et j'y ai trouvé cette mention plus que singulière :

« La carrière de la diplomatie *n'est pas ouverte*
« *à tout le monde.* Sans un nom, de la fortune,
« de hautes relations, *on ne peut* aspirer à en remplir les importantes fonctions.

« Le candidat doit en outre justifier d'un revenu
« de 6,000 francs. »

D'où il résulte, si je saisis bien, que, pour devenir aspirant diplomate, et, *à fortiori*, diplomate en titre, il fallait à tout prix réunir des conditions habituellement étrangères au véritable mérite, mais familières à la coterie du talon rouge.

C'est quelque sénateur à particule, qui aura, soyez-en sûr, créé ce règlement *d'administration publique* en faveur de sa famille !

Étonnez-vous maintenant qu'avec de telles menées nous ayons été à court d'hommes susceptibles de se mesurer avec M. Bismark de Schœnhausen.

On veut des noms, en voilà un !

Mais qui n'a pas de nom ?

Mon cocher, mon chien même a le sien.

Et ne sont-ce pas aussi des noms que ceux de Jules Favre, Thiers et Pouyer-Quertier ?

N'est-ce pas aussi un nom que celui de Gambetta ?

Le motif tiré du nom est donc parfaitement ridicule et jamais je n'aurais pu croire, sans les révélations de mon recueil, qu'il existât une exigence aussi grotesque en présence des textes de 1789.

Quant à la fortune et à ces « hautes relations » dont il est parlé, l'empire s'est plus d'une fois chargé d'y pourvoir, en sorte que les postes diplomatiques ne chômaient pas.

Mais comment étaient-ils tenus ?

Chacun, hélas ! n'est que trop en mesure de répondre.

Je me bornerai donc à dire qu'il est de la dernière évidence que si le choix du personnel s'est renfermé dans les termes que nous connaissons, il a dû laisser sur le carreau bien des sujets de mérite, dont nous aurions pu attendre d'éclatants services, et qui, peut-être, auraient eu le talent de dessiller les yeux de Louis Bonaparte.

En tout cas, ce n'est pas sous un régime républicain que de pareilles énormités seront de mise, et du moment que le ministre aura pleine carrière pour s'entourer de toutes les capacités, espérons que nos représentants à l'étranger seront unanimement à la hauteur de leurs fonctions et dignes en tous points du mandat qui leur sera confié.

Reste l'armée !

C'est aussi là que doivent se porter les plus vigoureux efforts.

Que de choses à faire, que de réformes à opérer, que de transformations à accomplir !

Si grand que soit le besoin de la paix, ce serait méconnaître le génie et compromettre la sécurité de la France que de négliger la question militaire.

Nous savons assez combien elle préoccupe l'esprit éminent qui préside à nos destinées, mais il faut que les progrès de la reconstitution de notre armée soient de chaque jour ; il faut que nous soyons fréquemment informés des améliorations obtenues et que l'amour du drapeau retrouve toute sa vigueur et sa force.

En exigeant de nos troupes les qualités qui leur sont nécessaires, il ne faut perdre de vue ni le service de santé ni celui de l'intendance.

Il faut que le premier devienne indépendant du second et que les tiraillements ou plutòt les scandales dont nous avons tous été témoins pendant la guerre de 1870 ne puissent plus se renouveler.

M. Arnold Henryot (*Paris pendant le siége*) a judicieusement dit à ce propos :

« Soumis au pouvoir arbitraire de l'intendance,
« le service de santé militaire a dû souffrir comme
« tous les services qui relèvent de cette adminis-
« tration ; toutes les fois que nos troupes ont été
« battues, il faut, en recherchant les causes, en
« attribuer quelques-unes aux irrégularités de
« l'intendance ; toutes les fois que le service médi-
« cal a manqué de ce qui lui était nécessaire, ce

« n'est pas aux chirurgiens, mais aux intendances

« qu'il convient d'attribuer ces retards ou ces man-

« quements. De l'avis des hommes spéciaux, le

« pouvoir dictatorial de l'intendance est le plus

« grand obstacle au perfectionnement du service

« médical et devient tout à fait incompatible avec

« la dignité de la science et la liberté du dévoue-

« ment. D'ailleurs, l'intendance est une plaie pour

« l'armée. C'est par elle que, pendant cette guerre,

« les soldats ont manqué de pain au milieu de l'a-

« bondance, et que dans nos hôpitaux militaires,

« durant le siége, ils ont manqué de médicaments,

« de couvertures et de feu. »

Ce ne sont pas seulement les défenseurs de Paris assiégé qui ont été les témoins de faits aussi déplorables, ce sont aussi ceux qui ont couru aux frontières, et ils peuvent dire, ceux-là, qu'à ce moment suprême, le moral de nos troupes, aussi bien que le moral des volontaires qui venaient pour se joindre à elles, se montrait profondément altéré.

Les volontaires des ambulances, tout particulièrement, ont été les premiers à en souffrir, et, suivant l'expression de M. Henryot, ils ont été, plus que

personne, entravés « dans la liberté de leur dévoue
ment. »

Pauvre croix de Genève !

Si je voulais tant soit peu sortir des limites que
je me suis tracées, je citerais à ce propos des faits
bien tristes et bien douloureux, dont j'ai, comme
bien d'autres, personnellement souffert; mais les
preuves sont inutiles pour établir ce que tout le
monde sait, et je passe outre.

Qu'il me soit permis toutefois de dire qu'à côté
des désordres qui s'observaient chez les nôtres,
nous avions le chagrin de voir fonctionner admi-
rablement les services de l'armée allemande et
principalement celui de l'intendance, qui ne laissait
rien à désirer.

La honte que j'en ai ressentie n'est pas à dire;
mais il n'en est pas moins vrai que l'organisation
ennemie était entendue de la façon la plus merveil-
leuse.

Les engins de cette immense machine de combat
étaient adaptés et combinés avec une précision et
une régularité faites pour jeter la rage dans tous
les cœurs français.

Le gouvernement de la République n'ignore aucune de ces particularités et le *Journal officiel* publiera très-prochainement, sans doute, un projet de loi destiné à porter remède aux défauts de notre organisation militaire.

Que la Chambre s'empresse de consacrer les vastes mesures qui lui seront proposées et qu'elle ne se contente pas de réintroduire dans l'armée la discipline, la solidité, l'esprit de corps, tout enfin, *jusqu'à la tempérance.*

Qu'elle fasse aussi table rase sur ce qu'il y a de vicieux dans les services auxiliaires, y compris l'état-major que j'allais oublier.

Il le faut !

Il le faut d'autant plus que les allégations des feuilles allemandes ne sont pas faites pour nous rassurer, celle-ci entre autres :

« L'Europe est aujourd'hui à la merci de deux grandes puissances : la Confédération germanique et la Russie.

« L'Angleterre, on ne peut dire le contraire, n'est plus que Venise sur son déclin. L'ouverture du canal de Suez enlève à la Grande-Bretagne l'empire des mers qu'elle a su conserver pendant tant de siècles, et l'Europe méridionale lui arrachera bientôt la couronne maritime. L'abîme creusé entre l'aristocratie anglaise et le reste de la population a son enseignement. La Grande-Bretagne s'est abstenue de toute intervention étrangère depuis la guerre de Crimée et l'expédition du Mexique. Elle a prouvé par là ses défaillances mortelles. Il ne lui reste plus qu'à tomber sous les ruines de ses institutions vermoulues ou à faire alliance avec l'Allemagne.

« Quant aux races latines, la France est *conquise* ou *vaincue;* l'Italie est impuissante pour l'offensive, et l'Espagne est travaillée par l'anarchie.

« Les jours de l'Autriche sont comptés ; la Hollande, la Suède, la Norwége, la *Suisse allemande*, ne sont plus que des atomes qui gravitent vers leur centre naturel : la Confédération germanique.

« Bientôt la Russie et l'Allemagne auront l'Europe sous leurs lois. »

Mais, comme il n'y a de si belle médaille sans son revers, l'auteur est obligé d'ajouter aussitôt :

« En portant nos regards sur les événements qui s'accomplissent autour de nous, nous nous inquiétons à juste titre.

« La grève est devenue le levier que cherchait Archimède.

« Toutes nos populations ouvrières sont en ébullition, et les journaux les plus réactionnaires se font, à contre-cœur, les avocats des grévistes, craignant que la prolongation de la guerre déclarée par le travail au capital ne provoque un mouvement général révolutionnaire ! »

Eh bien ! c'est de ces deux dangers que la République saura nous préserver, si nous la pratiquons sincèrement et si nous voulons la comprendre.

Elle nous défendra de l'éventualité de nouvelles invasions par la bravoure et la discipline de nos soldats, et des insurrections populaires par la sagesse de ses enseignements, imitant en cela la Suisse, ce bienheureux pays, qui laisse sans danger les énergumènes s'agiter dans son sein, et y débiter publiquement une suite de divagations telles que leur bruit seul renverserait incontinent la monarchie la mieux assise.

Fasse donc le ciel que les jours de notre illustre président se prolongent pendant de longues années encore, et que la République naissante grandisse à l'ombre de sa tutélaire autorité.

Fasse le ciel que sa haute expérience profite à toutes les réformes que le salut du pays réclame si impérieusement !

Je n'ai jamais eu le goût d'abuser des invocations à la Providence, et j'ai passablement ri des singuliers mérites qu'on avait la fantaisie de lui attribuer sous le régime déchu, mais je n'hésite pas à la remercier aujourd'hui de nous avoir conservé, dans de tels moments, un homme de la valeur et du patriotisme de M. Thiers.

Je lui suis infiniment reconnaissant d'avoir permis que cette sommité conservât assez de forces pour assumer le poids du gouvernement de la République, après avoir si noblement accompli, l'hiver dernier, la mission qu'elle avait si résolûment entreprise auprès des puissances européennes.

Qui n'a gardé le souvenir de l'admiration qu'inspirait ce vieillard, s'élançant, avec le feu de la jeunesse, vers les têtes couronnées dont il avait à réveiller les sympathies éteintes, et bravant à la fois la vue des plus horribles carnages et les âpretés de la plus inexorable saison, pour l'unique service de sa patrie? A cet homme, qu'à mon tour j'appellerai « providentiel », je demande d'entrer amplement et sans retard dans la voie des réformes.

Nous sommes suffisamment payés pour connaître le chemin qui mène à la sévérité des mœurs, à la capacité diplomatique et administrative, à la supériorité militaire.

Guidons-nous sur la manière d'être et sur la manière de faire de nos implacables voisins ; abandonnons cette légèreté d'esprit et cette insouciance des affaires publiques qui nous ont conduits à deux doigts de notre perte.

Que dans nos écoles, que dans nos lycées, que dans le moindre de nos villages, tout devienne sérieux et soit à la hauteur des exigences de l'époque.

Arrière à la superstition, arrière à l'asservissement des esprits, arrière à l'obscurantisme !

Si le clergé veut s'associer à nos efforts, acceptons son concours ; s'il doit faire obstacle à nos vues, sachons le combattre, sachons nous en défendre !

Que l'instruction se répande à flots sur toutes les parties du territoire, que l'amour de la patrie se

réveille dans tous les cœurs, et la France retrou-
vera son rang, sa puissance et sa fortune !

Autrement nous marchons à l'effondrement, et
bientôt la France aura vécu !

La France aura bientôt vécu, si nous fermons les
yeux pour ne pas voir le spectre de nos désastres
et des causes qui nous les ont valus.

Afin de n'en pas perdre la mémoire, ouvrons
souvent les livres qui les ont ont étudiées, et n'ou-
blions pas cette démonstration que j'emprunte au
volume déjà cité de M. Henryot :

« Les documents trouvés aux Tuileries ou dans les
« ministères au lendemain du 4 septembre, jettent
« un jour singulier sur les événements des derniè-
« res années de l'empire, plus particulièrement
« sur les derniers jours. On y voit la preuve irré-
« futable du vaste espionnage politique organisé
« dans tous les départements ; de l'abaissement sys-
« tématique des caractères et des âmes, pratiqué
« comme moyen de gouvernement. On voit éclater
« dans les correspondances et les dépêches relati-
« ves à la guerre, l'imprévoyance et l'incapacité de
« tous les chefs de service : le désordre est partout
« dans l'armée comme dans l'administration ; les

« généraux perdent leurs régiments, les soldats
« n'ont ni campements, ni munitions. On refuse,
« par des raisons de pure politique, d'armer les
« gardes nationales, d'organiser les corps francs et
« les volontaires, à l'approche de l'ennemi. En
« fin l'empire apparaît tel qu'il était en réalité . »

Tout cela est aussi lamentable que vrai, mais ce
que je ne m'explique pas, c'est qu'aucun écrivain
n'ait, à ma connaissance, décerné jusqu'ici aux ad-
ministrations des chemins de fer français les éloges
qu'elles méritent à un haut degré.

La modestie du personnel qui compose ces im-
portants services a pu seule entretenir une omis-
sion qu'il sera de la dernière justice de réparer un
jour ou l'autre.

J'ai vu, quant à moi, des actes de bravoure, de
généreuse imprudence et d'excessive témérité, qui
honorent, d'une façon bien remarquable, les hommes qui les ont accomplis au cours de cet effroyable
chaos, et ces hommes, je les ai aussi bien rencon-
trés dans la position la plus élevée que dans le
poste le plus humble.

Il m'est donc infiniment doux de leur adresser
ici ce faible témoignage d'estime et de sympathie,

en attendant que le lecteur apprénne d'une autre
bouche ce qu'ils ont su faire au milieu des contre-
ordres, des paniques et des empêchements insé-
parables d'une campagne mal étudiée, mal conduite, et livrée aux plus détestables influences.

On nous les montrera, tôt ou tard, le désespoir
dans le cœur, l'arme au poing, sur leurs locomoti-
ves et leurs wagons désemparés, circulant en
pleine nuit sans fanaux, presque sans charbon,
mais toujours massés, toujours intrépides, ne lais-
sant leurs noms à personne, faisant fonctions
d'éclaireurs, d'ingénieurs, d'infirmiers, et mille fois
sillonnant la frontière de l'Est à la barbe de l'ennemi,
tenant bon quand nos derniers bataillons achevaient
de... se replier.

On dira qu'ils ont trouvé moyen d'accomplir
ces prodiges jusqu'au dernier moment, sans relations possibles avec leurs chefs dont ils étaient le
plus souvent séparés, sans accord praticable avec
l'autorité militaire, et sans autre mobile que celui
du devoir.

On ajoutera qu'ils ont montré que l'habitude et le
respect de la discipline, s'unissant à l'excellence du
caractère français, ne manquent jamais, pas plus

aujourd'hui qu'autrefois, de produire les grandes choses et les grandes œuvres.

Et l'on terminera en réclamant pour ces chers inconnus, les justes récompenses que leur doit la nation...

L'heure est venue de laisser sécher ma plume.

Si ces pages n'ajoutent rien aux convictions du lecteur, je ne regretterai pourtant pas d'avoir joint ma voix à toutes celles qui font de notre énergie l'unique condition de notre salut; si les considérations que j'ai développées doivent au contraire réchauffer son zèle et son ardeur, je me féliciterai d'avoir écrit ces lignes, que je présente au public comme un gage de mon dévouement à la patrie.

Clichy. — Imprimerie Paul Dupont et Cie, rue du Bac-d'Asnières, 12.

www.ingramcontent.com/pod-product-compliance
Lightning Source LLC
Chambersburg PA
CBHW071508030726
47593CB00003B/1215